BEI GRIN MACHT SICH IHR
WISSEN BEZAHLT

- Wir veröffentlichen Ihre Hausarbeit,
  Bachelor- und Masterarbeit

- Ihr eigenes eBook und Buch -
  weltweit in allen wichtigen Shops

- Verdienen Sie an jedem Verkauf

Jetzt bei www.GRIN.com hochladen
und kostenlos publizieren

Block-Chain im Medizintourismus. Eine Untersuchung des digitalen Wandels

Celine Schlebach

Bibliografische Information der Deutschen Nationalbibliothek:

Die Deutsche Nationalbibliothek verzeichnet diese Publikation in der Deutschen Nationalbibliografie; detaillierte bibliografische Daten sind im Internet über http://dnb.d-nb.de abrufbar.

ISBN: 9783346960757
Dieses Buch ist auch als E-Book erhältlich.

Druck und Bindung: Books on Demand GmbH, Norderstedt Germany
Gedruckt auf säurefreiem Papier aus verantwortungsvollen Quellen

Das vorliegende Werk wurde sorgfältig erarbeitet. Dennoch übernehmen Autoren und Verlag für die Richtigkeit von Angaben, Hinweisen, Links und Ratschlägen sowie eventuelle Druckfehler keine Haftung.

Das Buch bei GRIN: https://www.grin.com/document/1407983

Hochschule Fresenius

Fachbereich onlineplus

Studiengang: Tourismus- und Eventmanagement (B.A.)

Portfolio

Potenziale der Blockchain-Technologie
am Fallbeispiel Medizintourismus

Welche Potenziale bietet die Blockchain-Technologie

am Beispiel des Medizintourismus?

Celine Schlebach

Modul: Angewandte Digitalisierung in Tourismus und Events

Abgabedatum: 10.10.2023

Inhaltsverzeichnis

Abbildungsverzeichnis

1 Einleitung

Die Einführung des Internets war der historische Startpunkt zur fortlaufenden Digitalisierung. Wirtschaftliches sowie privates Zusammenleben und Arbeiten hat sich durch die Digitalisierung fortlaufend verändert. Unternehmen und Konsumierende sind dabei die treibenden Akteure, welche die Anforderungen an technologische Entwicklungen festlegen. Dabei kann die Unterstützung von IT-Dienstleistungen als Ziel festgelegt werden, oder sogar die Vollautomatisierung von Prozessen. Daraus können in der Konsequenz neue Geschäftsmodelle entstehen, die ggf. einen gesamten Branchenmarkt revolutionieren können. (vgl. Fend, Hofmann, 2021, S. 11) Für Unternehmen bedeutet dies bevorstehende Herausforderungen wie weitere Investitionsnotwendigkeiten in digitale Produkte, Dienstleistungen oder Beratungsleistungen. „Erwartungshaltung und Verhalten der Kunden, angefangen im B2C-Bereich, haben sich verändert und wurden zum maßgeblichen Treiber der Digitalisierung." Nicht nur Geschäftsmodelle an sich sind Anpassungen und Entwicklungen unterworfen, sondern ebenfalls die Organisation innerhalb eines Unternehmens. Dort wird stets nach dem Prinzip der Wirtschaftlichkeit und Effizienz von Prozessen entschieden. Dies ist eine individuelle und nach dem Aufbau der Organisation zu treffende Entscheidung. Derjenige Prozess oder Mitarbeitende, der eine Aufgabe abbilden soll, wird danach ausgewählt, welche Lösung am besten zu den formulierten Anforderungen passt. Der Druck auf Unternehmen durch die Digitalisierung nehme immer weiter zu. Neue Wettbewerber in digitalen Märkten, Substitutionsprodukte, die analoge Produkte und Dienstleistungen durch digitale Elemente erweitern oder sogar ablösen sowie ein verändertes Kundenverhalten seien Auslöser für Investitionsbedarfe von Unternehmungen. (Harwardt, Schmutte, 2022, S. 3 f.)

Die Blockchain-Technologie kann innerhalb der Branche des Medizintourismus veränderten Kundenanforderungen entgegenkommen. Charakteristika sowie sich daraus ergebende Potenziale sollen am Beispiel des Medizintourismus in dieser Arbeit analysiert werden.

Die literaturbasiere Portfolio-Arbeit soll Potenziale von Blockchain-Technologie innerhalb des Medizintourismus erläutern.

2 Blockchain

„Zusammenfassend kann Blockchain der Grundbaustein und gleichzeitig
Schlüssel für eine fairere und gerechtere Gesellschaft werden,
in der Daten, Rechte sowie die Finanzverwaltung
zum Allgemeingut der Gesellschaft werden."
(Urban, 2020, S. 8)

2.1 Charakteristika und grundlegende Funktionen

„Blockchain ermöglicht das verteilte Speichern von Datenregistern, ohne eine vertrauenswürdige Drittpartei einzubinden." (Urban, 2020, S. 15) Es handle sich um ein Netzwerk, bei dem jeder Teilnehmende eine lokale Kopie von Transaktionshistorien bzw. der gesamten Blockchain (**Shared Ledger**) erhalte und diese verifizieren könne. Die einzelnen Blöcke seien mittels eines Hashwertes mit dem jeweiligen vorgestellten Block verbunden. „Der Block als eigentliche Datenstruktur beinhaltet neben der Verlinkung zum vorherigen Block, die gespeicherten Transaktionen (**Datensätze**) sowie die entsprechenden Zeitstempel und die jeweilige digitale Signatur der Teilnehmer." (Urban, 2020, S. 19) „Die bisher zentrale Datenspeicherung, Transaktionsprüfung und Autorisierung übernimmt das Blockchain-Netzwerk." (Urban, 2020, S. 16) Alle integrierten Netzwerkknoten seien in der Lage, miteinander zu interagieren. Sie validieren und speichern die im Netzwerk getätigten Transaktionen. Eine zentrale Stelle der Kommunikationsbündelung gibt es nicht. Dies verhilft zu einem erhöhten Schutz vor Störungen oder Cyberangriffen, da ein Ausfall einzelner Knotenpunkte keinen Ausfall des gesamten Netzwerks verursacht. Eine neue Transaktion wird im Netzwerk verteilt „und das Resultat der Transaktion von allen validierenden Knoten berechnet." (Urban, 2020, S. 16) Mithilfe von Konsens-Algorithmen kann sodann der gemeinsame Konsens, also die Übereinstimmung, bestimmt werden. Dieser Prozess ist abhängig von der konkreten Implementierung der Blockchain. Einen zusätzlichen Beitrag zur Sicherheit der Technologie stellen sogenannte **Hashwerte** dar. Diese Prüfsummen werden einer jeden Transaktion zugeordnet und machen einen Datensatz eindeutig identifizierbar. Gleiche Eingabewerte ergeben immer den gleichen Hashwert. Wird nur eine Stelle des Hashwertes verändert, ist die Aussage des Hashwertes eine gänzlich andere. Ein Rückschluss auf den ursprünglich getätigten Eingabewert lässt sich nicht durch einen Hashwert feststellen. Die verschlüsselten Transaktionen bilden nun Blöcke, die sogenannte „Blockchain".

Die Technologie der Blockchain baue auf fünf grundlegenden Eigenschaften auf:

Eine Transaktion innerhalb der Blockchain kann, nachdem sie hinzugefügt wurde, nicht mehr verändert werden. Die **Unveränderbarkeit** soll eine Manipulierbarkeit der Blockchain verhindern bzw. erschweren. Eine revisionssichere **Überprüfbarkeit** liegt innerhalb der Blockchain durch die chronologischen kryptografischen Signaturen vor. Die angewendeten kryptografischen Verfahren ermöglichen eine nachvollziehbare **Richtigkeit** von Daten. Alle Netzwerkteilnehmenden haben theoretisch Zugriff auf alle gespeicherten Daten der Blockchain, was **Transparenz** sicherstellt. Jeder Knotenpunkt hat innerhalb des Netzwerkes die **gleichen Rechte**.

Eine vollständige Transparenz und Gleichberechtigung innerhalb der Anwendung sind je nach geschäftlicher Ausrichtung und Verwendung der Technologie nicht immer praktikabel, sinnvoll oder gewünscht. (vgl. Urban, 2020, S. 20 f.)

2.2 Allgemeine Anwendungsgebiete

Kryptowährungen

Der berühmteste Anwendungsfall von Blockchain ist der Bitcoin. Mithilfe dieser Peer-to-Peer Anwendung lässt sich Geld zwischen Nutzenden übermitteln, ohne einen Berührungspunkt mit einem Finanzinstitut zu haben. Weder Staaten noch Banken können den weltweit handelbaren Bitcoin kontrollieren. Innerhalb des Netzwerkes von Bitcoin werden Transaktionsdaten mit einem Link zum vorherigen Datenblock versehen, woraus eine nicht mehr veränderbare Kette entsteht. Ziel des Schaffers von Bitcoin war eine transparente Finanznetzwerkplattform, die anonyme Geldtransfers ohne die Kontrolle durch eine zentrale Vertrauensstelle ermöglicht.

2013 wurde durch Ethereum-Blockchain eine Anwendung entwickelt, die als Basis für die Kryptowährung Ether dient und gleichzeitig viele individuelle Anwendungen zulässt, die frei gestaltbar sind. (vgl. Urban, 2020, S. 14)

Digitalisierung

Die Blockchain-Technologie unterstützt bei der Umwandlung von physischen zu digitalen Systemen und deren Verwaltung. Daraus entstehen neue Geschäftsfelder und Innovationsmöglichkeiten innerhalb digitaler Bezahlung, digitalem Vertragsmanagement oder z.B. digitaler Identifizierung von Personen. Sogenannte „**Smart Contracts**" speichern Programmcodes dezentral und ermöglichen damit das Ausführen von vereinbarten Vertragsinhalten ohne das Einbeziehen oder die Mitarbeit einer dritten Partei. Die Manipulationssicherheit der Blockchain-Technologie und die Transparenz für alle beteiligten Parteien wirken sich vorteilhaft auf die Verwendung dieser Technologie aus. Nachteilig ist die Notwendigkeit fundierter Programmierungsfähigkeiten zur Reduzierung von Schadensfällen durch fehlerhafte Implementierungen. Die Verwendung von Smart Contracts lässt sich mit der zuvor vorgestellten Ethereum-Anwendung einrichten. (vgl. Hecht, Hofbauer, 2022, S. 166)

Durch den Einsatz von Blockchain-Technologie im Kontext der Digitalisierung konnte die Transparenz erhöht und Fehler minimiert werden. Auch Regierungen scheinen Interesse an Investitionen in Blockchain-Technologien aufgrund des Wunsches nach bargeldlosen Ökonomiesystemen zu haben. Über die Dauer der Corona Pandemie konnte Blockchain den Einsatz kontaktloser Bezahlmöglichkeiten fördern. (vgl. Balasubramanian et al., 2022, S. 167 f.)

Automatisierung

Blockchain-Technologie trägt unmittelbar zur Automatisierung von Prozessen bei. Dadurch werden Effizienz, Genauigkeit und Produktivität gesteigert. Transaktionen lassen sich z.B. mühelos automatisieren ohne menschliche Einmischung. „So könnte ein digitales System im Servicefall eigenständig einen Dienstleister beauftragen sowie die vertragliche und finanzielle Abwicklung übernehmen, ohne dass eine Person eingreifen muss." (Maisch, Vales, 2022, S. 56) Als weitere Beispiele für Anwendungsfälle aus dem Bereich Automatisierung lassen sich automatische Versicherungen bei Flugverspätungen, automatisierte Sicherheits-Check Ins am Flughafen oder biometrische Identifizierungsverfahren nennen. (vgl. Balasubramanian et al., 2022, S. 169)

Disintermediation

Das „Ausschalten von Zwischenstufen auf dem Weg des Produktes (Ware oder Dienstleistung) vom Hersteller zum Verbraucher" (Kenning, 2023) potenziert ein

Auslassen einzelner Stufen der Wertschöpfungskette von Unternehmen, was einen veränderten Machtausgleich zwischen Kooperationspartnern nach sich ziehen kann. Die Disintermediation fördert damit neue Geschäftsinnovationen und die Eliminierung durch digitale Anwendungen ablösbarer Prozesse. (vgl. Balasubramanian et al., 2022, S. 169 f.)

3 Fallbeispiel Medizintourismus

Medizintourismus („Medical Tourism") meint das organisierte Reisen von Individuen aus ihrer lokalen Umgebung heraus, mit der Absicht medizinische Einrichtungen zu nutzen bzw. zu konsultieren. Der Medizintourismus gehört zu dem übergeordneten Gesundheitstourismus („Health Tourism"). (vgl. Parekh et al., 2020, S. 73)

Abbildung 1:
Umsatz des weltweiten und deutschen Medizintourismusmarktes

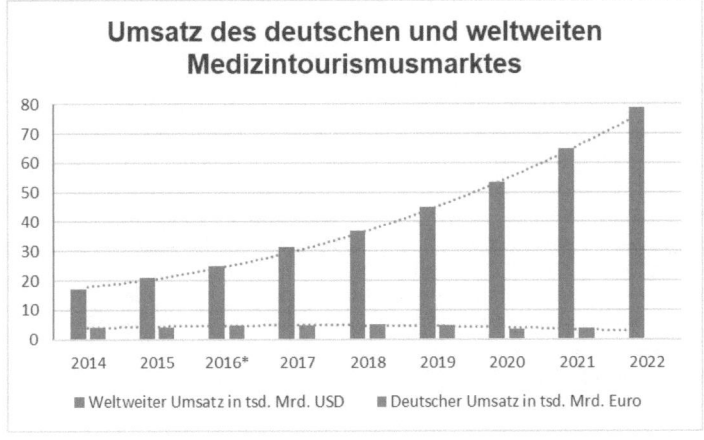

Umsatz weltweit und in Deutschland im Medizintourismus von 2014 bis 2021 (Quelle: eigene Darstellung in Anlehnung an Radtke, 2022 & 2023).

In Abbildung 1 ist in blau der weltweite Umsatz in US-Dollar im Medizintourismusmarkt dargestellt. Weltweit konnten im Jahr 2021 64,92 Milliarden US-Dollar im Medizintourismusmarkt erwirtschaftet werden. Das entspricht einem Zuwachs des Marktvolumens seit 2014 (17,17 Mrd. USD) von ca. 74 %. (vgl. Radtke, 2022) Im Vergleich dazu ist der Anteil der deutschen Bruttowertschöpfung im Medizintourismus in orange dargestellt. Waren es im Jahr 2014 noch 4 Milliarden Euro, so sind es im Jahr 2021 noch 3,7 Milliarden Euro. Dies entspricht einer leichten Rezession des Marktvolumens von 7,5 % zwischen den Jahren 2014 und 2021. (vgl. Radtke, 2023) Es arbeiteten im Jahr 2021 ca. 146.000 Beschäftigte in Deutschland im Gesundheitstourismus. Im Jahr 2014 waren es noch 174.000 Beschäftigte. Dies entspricht einem Rückgang von über 16 % zwischen den Jahren 2014 bis 2021 und korreliert damit mit den Umsatzrückgängen. Auf eine kausale Erörterung soll in dieser Arbeit verzichtet werden.

3.1 Verwendung von Blockchain im Medizintourismus

Die Literatur zur Verwendung von Blockchain im Medizintourismus ist noch limitiert. Dennoch könnte die Technologie mithilfe ihrer Charakteristika von Unveränderlichkeit, Transparenz, Vertrauenswürdigkeit und Richtigkeit einen wichtigen Beitrag zur Lösung von Problem innerhalb des Medizintourismus leisten. Dabei könne Qualität, Zugänglichkeit und Sicherheit durch die Verwendung von Blockchain sichergestellt werden. (vgl. Balasubramanian et al., 2022, S. 78)

3.2 Problemstellungen und Blockchain-Lösungen

Nach der Feststellung des Bedürfnisses nach einer ausländischen medizinischen Behandlung, muss sich ein jeder Medizintourist mit den Angeboten von medizinischen Reiseveranstaltern, medizinischen Dienstleistern sowie dem gewünschten Zielland beschäftigen und sich für eine Kombination aus Leistungen entscheiden. Dabei entsteht eine große Abhängigkeit zu Onlineinformationen und -Bewertungen.

<u>Abhängigkeit zu Onlineinformationen und Bewertungen</u>

Die Verifizierung von Bewertungen im Internet ist zu einem kritischen Thema für Medizintouristen geworden. Blockchain Plattformen sind in der Lage, authentische Bewertungen von Betrugsversuchen zu unterscheiden. Blockchain ermöglicht die Angaben von Gesundheitsdienstleistern zu verifizieren, indem Qualifikationen und Zeugnisse durch die Verknüpfung mit der zuständigen Zertifizierungsstelle nachvollzogen werden können. (vgl. Balasubramanian et al., 2022, S. 79)

<u>Abhängigkeit von Vermittlern bei der Reiseorganisation</u>

Medizinische Touristen sind nicht nur abhängig von den zugänglichen Informationen, sondern ebenfalls von den Dienstleistern, die eine solche Reise organisieren oder bei der Organisation einer solchen Reise anderweitig beteiligt sind. Die Blockchain-Technologie kann durch ihre Beschaffenheit ebenfalls dieses Problem lösen, da eine Peer-to-Peer Kommunikation über die Plattform möglich wird. Dadurch kann der Patient in direkten Kontakt mit seinem präferierten medizinischen Dienstleister treten. Die Disintermediation minimiert die Risiken im Hinblick auf das Stehlen von persönlichen Daten, Identitäten oder Finanzinformationen.

<u>Zeit- und Orts(un)abhängigkeit</u>

Nutzende der Blockchain können die geteilten Daten jederzeit und ortsunabhängig einsehen, was parallel einen Abbau von Bürokratisierung und Daten in physischer Form begünstigt. Zeit- und Ortsunabhängigkeit unterstützen in der Kommunikation während des Aufenthalts des Patienten im jeweiligen Gastland, da vergangene Behandlungsmaßnahmen abgerufen werden können. Vorteilhaft ist ebenfalls die Abrufbarkeit der medizinischen Daten in Notfällen im In- sowie Ausland oder die Verlinkung von medizinischen Daten von Familienmitgliedern, die ebenfalls einen positiven Einfluss auf die Diagnose von Patienten haben können. (vgl. Balasubramanian et al., 2022, S. 80 f.)

<u>Minderwertige Produkte oder experimentelle Anwendungen</u>

Der Einsatz von Blockchain-Technologie kann die vollständige Lieferkette von Arzneimitteln und medizinischem Material nachvollziehen. Dadurch könnte der Vertrieb von minderwertigen Produkten minimiert werden.

Darüber hinaus könnte das Risiko von neuen und experimentellen medizinischen Behandlungen sicherer gemacht werden, indem durch die Blockchain detaillierte

Informationen direkt vom Anbieter zum potenziellen Patienten übermittelt werden. (vgl. Balasubramanian et al., 2022, S. 81)

Die Rechtslage bezüglich medizinischer Behandlungen

Die Rechtslage bezüglich medizinischer Behandlungen und die Möglichkeit gegen eine Schlechtleistung oder Fehlinformationen vorzugehen, sollte für die gewählte Destination von Patienten geprüft werden. Blockchain kann auch in diesem Belang eine Unterstützung mithilfe von Smart Contracts sein. Diese sind in der Lage sich selbst auszuführen. „For example, smart contracts can instantly and automatically process medical insurance claims after it detects the completion of treatment." (Balasubramanian et al., 2022, S. 81)

3.3 Eignung von Blockchain im Medizintourismus

„While blockchain technology has immense potential to address the industry's inherent challenges and inefficiencies, the current understanding of blockchain application in medical tourism is fragmented."

(Balasubramanian et al., 2022, S. 78)

Neben der Lösung bereits präsentierter Probleme innerhalb des Medizintourismus, bietet Blockchain die Möglichkeit, alle gesammelten Daten der medizinischen Reise oder des gesamten Ablaufs digital in die eigene Heimat und ggf. an den eigenen Hausarzt zu übermitteln.

Der wichtigste Vorteil wird abgebildet durch die Verlässlichkeit bereitgestellter Informationen innerhalb der Blockchain Plattform.

Während der Corona Pandemie hat der Medizintourismus starke Umsatzeinbußen hinnehmen müssen, u.a. aufgrund von behördlich angeordneten Reiserestriktionen. Das Implementieren einer Blockchain-Technologie könnte dabei helfen, den Erholungsprozess zu unterstützen und Vertrauen von Patienten wieder zurückzugewinnen. (vgl. Balasubramanian et al., 2022, S. 81 f.)

Die Eignung der Technologie kann während der praktischen Erarbeitung Blockchain unterstützter Plattformen weiter geprüft werden.

4 Mehrwerte für Patienten und Unternehmungen

4.1 Mehrwert für Patienten

Abbildung 2:
Die Blockchain-Technologie
als Mehrwert für Patienten des Medizintourismus

Mehrwert für Patientinnen und Patienten
➡ Schutz vor Cyberangriffen oder Störungen
➡ Verlässlichkeit von Plattforminformationen
➡ Direkte Kommunikation mit Partnern
➡ Daten jederzeit und überall abrufen können

Identifizierte Mehrwerte für Patienten des Medizintourismus (Quelle: eigene Darstellung).

Abbildung 2 zeigt die Mehrwerte für Medizintouristen, welche innerhalb dieser Arbeit identifiziert wurden. Diese bestehen hauptsächlich aus emotionalen Bedürfnissen wie der Unabhängigkeit und Selbstbestimmtheit über die eigenen Daten und deren Weitergabe. Es zeigt sich das Sicherheitsgefühl im Allgemeinen als größte Herausforderung von Dienstleistern für Blockchain Lösungen innerhalb des Medizintourismus. Der Medizintourismus selbst scheint gewisse Unsicherheiten auf Seiten der Patienten mit sich zu bringen, da eine Leistung bezogen werden soll, die für Nicht-Mediziner nur sehr schwer nachprüfbar ist. Hinzu kommt die Notwendigkeit des Verreisens in eine möglicherweise unbekannte Umgebung, was die Unsicherheit Betroffener ansteigen lassen kann.

Der größte Mehrwert der Blockchain-Technologie innerhalb des Medizintourismus entsteht für solche Patienten, die sich zum ersten Mal einem solchen Vorhaben konfrontiert sehen. Dennoch bietet die Technologie genug Mehrwerte auch für regelmäßige Medizintouristen, die bereits ein bestehendes Netzwerk aus Medizinern, Reisedienstleistern und weiterer Unterstützung haben, und demnach organisatorische Vorteile ihres persönlichen Netzwerkes nutzen können. Ein Sicherheitsmanagement von sensiblen Daten gibt es in einem solchen bereits bestehenden Konstrukt i.d.R. dennoch nicht.

4.2 Mehrwert für Unternehmen

Abbildung 3:
Die Blockchain-Technologie als Mehrwert für Unternehmen

Mehrwert für Unternehmungen
⇒ Zurückgewinnung von Vertrauen
⇒ Schaffung von Informationsverlässlichkeit
⇒ Steigerung des Kundenservices
⇒ Umsatzsteigerung / Kosteneffizienz steigern

Identifizierte Mehrwerte für Unternehmen innerhalb des Medizintourismus, welche die Blockchain-Technologie verwenden (Quelle: eigene Darstellung).

Abbildung 3 zeigt die durch diese Arbeit identifizierte Vorteilhaftigkeit der Verwendung von Blockchain-Technologien für Unternehmen innerhalb der Medizintourismus-Branche. Während der Corona Pandemie ist der Umsatz am Standort Deutschland innerhalb des Medizintourismus zurück gegangen. Dies kann auf Reisebeschränkungen und -Restriktionen, Quarantänebestimmungen oder die fehlende Möglichkeit einer Übernachtungsbuchung zurückzuführen sein. Die Blockchain-Technologie kann dabei helfen, verlorenes Vertrauen von Kundinnen und Kunden wieder zurückzugewinnen. Dies kann durch den Schutz von sensiblen Daten oder der Schaffung von Verlässlichkeit von Informationen innerhalb der mit Blockchain betriebenen Plattformen dienen. Die chronologische Nachvollziehbarkeit jeglicher Kommunikation erleichtert Unternehmungen die Verbesserung des eigenen Kundenservice.

All diese Einflüsse der Blockchain-Technologie auf die Medizintourismus-Branche begünstigen eine Steigerung von Umsätzen sowie der Effizienz eingebrachter Aufwendungen aufgrund der Verschlankung von betrieblichen Prozessen. Zeitmangel und fehlende Vernetzung seien die hauptsächlichen Motivationsanreize zur Implementierung einer Blockchain-Technologie seitens der Unternehmen gewesen. Lücken zwischen medizinischen Prozessen sollen mithilfe von Blockchain-Technologie eliminiert werden und so eine Verbesserung und Erleichterung im Ablauf sicherstellen. (vgl. Pantak, 2018)

4.3 Andere Lösungswege

Die meisten Mitwirkenden innerhalb des Medizintourismus stehen aktuell vor der Herausforderung, bestehende Angebote von IT-Dienstleistern hinsichtlich eigener Implementierungswünsche sowie Vorgaben aus der Medizinbranche miteinander zu fusionieren. Dabei kann z.b. DICOM (Digital Imaging and Communications in Medicine) genannt werden, was als internationaler Standard zur Speicherung von medizinischen Bilddateien gilt. (Clinical Graphics, 2023)

Einen Prozess zum Austausch benötigter Anforderungen an Informationstechnologie im Gesundheitswesen hat die IHE entwickelt. Dabei werden in einem jährlich wiederholten Prozess kritische „use cases" durch klinische und technische Experten definiert. Im Anschluss an diese Definition werden detaillierte Spezifikationen für die Kommunikation zwischen Systemen durch technische Experten implementiert und eine Optimierung von Standards anhand der erarbeiteten Anwendungsfälle erreicht. Das Unternehmen IHE testet die Systeme der Anbieter bei geplanten und überwachten Veranstaltungen, die so genannten „Connectathons". Darüber hinaus bietet die IHE Demonstrationsveranstaltungen an. Auf diesen werden IHE-konforme Systeme präsentiert und in realen klinischen Szenarien aufbereitet. (IHE, 2023) Ziel bei diesem Projekt ist also die Zusammenführung unterschiedlicher IT-Systeme, die noch nicht miteinander kommunizieren können.

5 Fazit

„Allgemein führt die Blockchain-Technologie zu einem reduzierten Risiko, verbessertem Kundenvertrauen, Flexibilität und Nachhaltigkeit, erhöhter Geschwindigkeit und weiteren Vorteilen für die Lieferkettenorganisationen." (Hecht, Hofbauer, 2022, S. 165) Sie ist in der Lage, den Erholungsprozess der Branche durch ihre Beschaffenheit zu unterstützen. Doch es sei darauf hinzuweisen, dass die konkrete Anwendung von Blockchain innerhalb des Medizintourismus aktuell nur vereinzelt zum Einsatz kommt und sich noch in einer Einführungsphase befindet. Während des Herstellens von praktischen Bezügen und Systemen und damit die Überführung von Blockchain in den operativen Einsatz im Medizintourismus können bis heute unvorhergesehene Herausforderungen die Implementierung erschweren. (vgl. Balasubramanian et al., 2022, S. 82) Dennoch lassen sich für den Einsatz bzw. für die weitere Forschung an Implementierungsmöglichkeiten mehr positive als negative Argumente feststellen.

"Der Einsatz der Blockchain könnte einen jährlichen finanziellen Schaden zwischen 680 Mio. und 2,72 Mrd. EUR im Gesundheitswesen abwenden, welcher laut Transperency Deutschland jährlich durch Rezeptbetrug allein in Deutschland entsteht." (Urban, 2020, S. 64) Die Blockchain kann somit in den unterschiedlichsten Bereichen zur Verbesserung von Datensicherheit und der Betrugsprävention dienen. Der Medizintourismus ist nur ein einziges Beispiel einer Branche, die sich die Vorteile dieser neuen Möglichkeiten zu eigen machen könnte. Nicht nur für Unternehmen, sondern auch für den Staat wird es zukünftig interessant werden, an Blockchain-Technologie zu forschen und experimentieren, da sich mithilfe dieser Technologie Steuerschlupflöcher schließen lassen könnten.

Die Blockchain-Technologie scheint viele Möglichkeiten des Ausbaus von Sicherheitsstandards von Daten zu bieten, die es aktuell in die richtigen Bahnen zu lenken gilt. Denn auch wenn Niklas Urban im Zitat zu Anfang von einer faireren und besseren Gesellschaft schreibt, sollte an Betrugsprävention und die Schulung von Nutzenden gedacht werden. Dennoch bietet die Blockchain-Technologie eine fortschrittliche und interessante Möglichkeit, Daten sicherer zu machen.

6   Rückblick und Ausblick

Die Blockchain-Technologie ist keine Innovation im technischen Sinne. Sie wurde bereits im Bereich der Kryprowährungen erprobt. Zur Implementierung in andere Branchen oder Geschäftsbereiche gibt es aktuell noch wenig wissenschaftlich fundierte Literatur. Dies stellte die größte Herausforderung in der Bearbeitung der gewählten Technologie und Forschungsfrage dar.

Dies wird sich in den nächsten Jahren mit hoher Wahrscheinlichkeit ändern, da nun auch andere Branchen die Vorteilhaftigkeit der Blockchain-Technologie erkannt haben. Ebenso bildet die Blockchain-Technologie eine interessante Möglichkeit, Staaten in den Zustand des bargeldlosen Bezahlens zu manövrieren.

7 Literaturverzeichnis

Balasubramanian, S., Sethi, J., Ajayan, S., Paris, C. (2022). An enabling Framework for Blockchain in Tourism. Information Technology & Tourism, 24, S. 165-179.

Balasubramanian, S., Ajayan, S., Paris, M. (2022). Leveraging Blockchain in Medical Tourism Value Chain. In Stienmetz, J., Ferrer-Rosell, B., Massimo, D. (Hrsg.) Information and Communication Technolologies in Tourism 2022. Proceedings of the ENTER 2022 eTourism Conference, January 11-14, 2022 (S. 78-83), Cham: Springer Verlag.

Fend, L., Hofmann, J. (2022). Einführung. In Fend, L., Hofmann, J. (Hrsg.) Digitalisierung in Industrie-, Handels- und Dienstleistungsunternehmen. Konzepte – Lösungen - Beispiele (3. Auflage; S. 11-18), Wiesbaden: Springer Verlag.

Harvardt, M., Schmutte, A. (2022). Chancen und Risiken der digitalen Transformation. In Harwardt, M., Niermann, F.-J., Schmutte, A., Steuernagel, A. (Hrsg.) Praxisbeispiele der Digitalisierung. Trends, Best Practices und neue Geschäftsmodelle (S. 3-29), Wiesbaden: Springer Verlag.

Hecht, D., Hofbauer, G. (2022). Digital Procurement. In Fend, L., Hofmann, J. (Hrsg.) Digitalisierung in Industrie-, Handels- und Dienstleistungsunternehmen. Konzepte – Lösungen - Beispiele (3. Auflage; S. 147-176), Wiesbaden: Springer Verlag.

IHE. (2023). IHE International. Verfügbar unter: https://www.ihe.net/about_ihe/IHE_Process/ (04.10.2023, 18:21)

Kenning, P. (2023). Gabler Wirtschaftslexikon. Verfügbar unter: https://wirtschaftslexikon.gabler.de/definition/disintermediation-27194 (26.09.2023, 16:02).

Maisch, B., Valdé, C. (2022). Kundenzentrierte digitale Geschäftsmodelle. In Fend, L., Hofmann, J. (Hrsg.) Digitalisierung in Industrie-, Handels- und Dienstleistungsunternehmen. Konzepte – Lösungen - Beispiele (3. Auflage; S. 53-75), Wiesbaden: Springer Verlag.

o.A. (2023). Clinical Graphics. Verfügbar unter: https://www.clinicalgraphics.com/de/support/upload-von-dicom-daten/was-sind-dicom-daten#:~:text=DICOM%20ist%20ein%20internationaler%20Standard,jedoch%20nicht%20immer%20der%20Fall. (04.10.2023, 19:09)

Pantak, J. (2018). LisaVienna life cience Austria. Verfügbar unter: https://www.lisavienna.at/de/news/grapevine-world-und-austrian-health-starten-pilotprojekt-fuer-care-manager-portal-die-medakte/ (04.10.2023, 18:03)

Parekh, J., Jaffer, A., Bhanushali, U., Shakula, S. (2020). Disintermediation in medical tourism through blockchain technology: an analysis using value-focused thinking approach. Information Technology & Tourism, 23, S. 69-96.

Radtke, R. (2023). Statista. Pharma & Gesundheit. Bruttowertschöpfung im Gesundheitstourismus in Deutschland bis 2021. Verfügbar unter: https://de.statista.com/statistik/daten/studie/1363394/umfrage/bruttowertschoepfung-im-gesundheitstourismus-in-deutschland/ (28.09.2023, 9:44)

Radtke, R. (2023). Statista. Pharma & Gesundheit. Erwerbstätige im Gesundheitswesen in Deutschland bis 2021. Verfügbar unter: https://de.statista.com/statistik/daten/studie/1363397/umfrage/erwerbstaetige-im-gesundheitstourismus-in-deutschland/ (28.09.2023, 9:52)

Radtke, R. (2022). Statista. Pharma & Gesundheit. Umsatz des weltweiten Marktes für Medizintourismus in den Jahren 2014 bis 2025. Verfügbar unter: https://de.statista.com/statistik/daten/studie/941153/umfrage/prognose-zum-umsatz-des-weltweiten-medizintouristenmarktes/ (28.09.2023, 09:30).

Urban, N. (2020). Blockchain for Business. Erfolgreiche Anwendungen und Mehrwerte für Netzwerkteilnehmer identifizieren. Wiesbaden: Springer Verlag.

BEI GRIN MACHT SICH IHR WISSEN BEZAHLT

- Wir veröffentlichen Ihre Hausarbeit,
  Bachelor- und Masterarbeit

- Ihr eigenes eBook und Buch -
  weltweit in allen wichtigen Shops

- Verdienen Sie an jedem Verkauf

Jetzt bei www.GRIN.com hochladen und kostenlos publizieren

.